우리 며느리가 왜 그럴까?

며느리에게 복음을 전하는
3가지 방법

우리 며느리가 왜 그럴까?

며느리에게 복음을 전하는 3가지 방법

우지연

우리 며느리가 왜 그럴까?
며느리에게 복음을 전하는 3가지 방법

초판 1쇄 발행 2022년 5월 13일

지은이 우지연
펴낸이 송희진
마케팅 스티브jh
디자인 샘물
경영팀 강운자 박봉순
펴낸곳 한사람
출판등록 2020년 2월 1일 제894-96-01106호
주소 경기도 남양주시 평내동 171-1
홈페이지 https://hansarambook.modoo.at
블 로 그 https://blog.naver.com/pleasure20

ISBN 979-11-92451-00-8 (00230)

† 어른들을 위해 큰글씨로 인쇄했습니다.

글쓴이 우지연

한국에서 며느리와 딸, 둘 중의 어떤 게 더 편하고 좋을까? 어쩌면 이 질문은 시어머니도 어머니가 될 수 있으리란 생각을 하게 하는 뭇 드라마속 대사처럼 생각될지 모르겠다. 잊지 말아야 할 점은 시어머니는 나를 낳아준 어머니와 같을 수 없고, 며느리도 내가 낳은 딸과 같을 수 없다는 것이다.

생각해 보면 당연한 논리인데 우리는 시어머니를 어머니가 되어야 한다는 생각과 감정에 사로잡혀 우리의 관계를 어렵게 만드는지 모르겠다. 며느리로서, 그리고 딸로서, 기독교교육을 전공한 박사로서 조부모를 위해 쉽게 읽을 수 있는 책을 써야겠다고 생각했다. 무엇보다 내가 쓴 블로그의 〈조부모교육〉 글들을 읽고 어떤 교회가 노인교육으로 초청한 일을 계기로 이 책을 내게 되었다.

그녀는 장로회신학대학교에서 기독교교육학 박사학위를 받았고 저서와 논문으로는 아빠표 신앙교육, 청년세대와 기성세대, 에니어그램과 기독부모교육, 인간 영의 변형을 위한 기독교교육, 기독교 가정의 영성생활, 교회 교육공간에 관한 기독교교육적 환경구성, 고통과 열정을 통합하는 기독교청소년교육, 포스트모던 시대의 기독교청소년교육, 자유학기제와 교회교육의 네트워크, 성품교육을 위한 교사자질계발과 교사교육의 실제, 청소년 감정진로 GPS, 청소년을 위한 분노조절 성품프로그램, ABC프로젝트, The성품 크리스천 성품교육 등을 썼다.

CONTENTS

며느리 이야기 10

손주를 보기 힘든 이유 12

따로 살다가 같이 살게 된 이야기 14

아이를 낳고 생긴 일 18

며느리가 사는 세상 21

거꾸로 보기 24

집에서 가장 바쁜 며느리 26

며느리의 부모 세대는? 27

제일 좋아하는 것을 줘도 좋아하지 않는다 32

정서적•영적 필요를 채워주는 조부모 37

조부모가 손주를 양육할 때 일어나는 기적 41

아이에게 이유식을 먹일 때 45

시어머니와 며느리의 쟁탈전 50

지켜야 할 가정의 울타리 53

조부모의 결정대로 따르게 되면 생기는 일 56

공경의 순서 되새기기 58

아이를 혼낼 때 63

자녀를 혼낼 때 조부모가 옆에 있다면? 65

경외라는 말을 사용할 수 있는 존재 68

어른을 존경하지 않는 세대 70

경외를 실천하는 방법 72

경외를 잃어버린 이유 75

비가 올 때 쓰는 우산처럼 77

며느리를 이해하기 위한 첫 번째 관문 감정 79

감정에 대해 알아야 할 세 가지 포인트 83

조부모의 감정관리 87

액자에 예수님이 있는가? 92

나에게 마지막 사명이란 94

다시 찾은 자녀 95

며느리에게 복음을 전하는 3가지 방법 96

 1. 손해를 보는 적용을 해야 한다 96

 2. 서로의 약점을 공격하지 않을 때

    예수님을 전할 기회를 얻는다 101

 3. 어쨌든 사이가 좋아야 주님을 믿는다 105

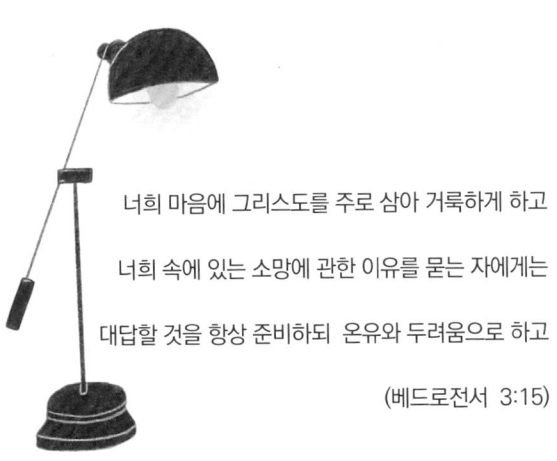

너희 마음에 그리스도를 주로 삼아 거룩하게 하고

너희 속에 있는 소망에 관한 이유를 묻는 자에게는

대답할 것을 항상 준비하되 온유와 두려움으로 하고

(베드로전서 3:15)

며느리 이야기

올해로 시집와서 송씨 집안의 며느리가 된 지 16년이 되었다. 결혼이라는 결정도 참 쉽지 않게 내린 판단이었지만 더욱 걱정되었던 것은 '새로운 가족'에 대한 두려움과 걱정이었다.

연애하면서 시부모님이 되실 분들을 몇 차례 본 적 있다. 여리고 성을 염탐하러 간 정탐꾼처럼 혹시나 하는 두려움에 부모님을 남몰래 정탐했었다.

미래의 시부모님은 정말 좋은 분일까? 시부모님과 어려움이 생기면 어떡하지? 남편은 그때 누구의 편을 들어줄까? 뭐 이런 고민이 있었다.

  그리고 결혼을 했다. 그리고 여느 날처럼 시부모님과 담소를 나누었다. 그런데 그날은 평상시와는 다른 말씀을 꺼내셨다. 아이를 갖지도 않았는데 이다음에 아이를 낳으면 봐줄 수 없다는 그런 말씀을 미리 하셨다.

  지금 와서 생각해보면 시어머니도 어머니 친구분들이나 교회에서 만나는 분들의 여러 이야기를 들으며 걱정돼서 하신 말씀이었다. 그러나 나는 임신하지도 않았는데 이런 말씀을 미리 들으니 부담스러웠고 한편으로는 서운했다.

손주를 보기 힘든 이유

 서울특별시 사회복지 뉴스에서도 보도한 바 있지만 50세 이상 2,000명을 대상으로 실시한 조사에 따르면 맞벌이 자녀를 대신해 손주를 돌볼 의향이 없다는 의견에 53%가 지지했다. 그러니깐 절반 이상이 손주를 보는데 어렵다고 의견을 표한 것이다.

 그러면 자연스럽게 왜 손주를 맡기 어려운지 이유가 궁금해졌다. 이 조사에 따르면 내가 가질 한가한 시간이 부족해지는 데 따른 부담감이 49%로 가장 크게 나왔다.

 손주를 보면 운동도, 취미도, 친구도 포기

하거나 양보해야 할 경우가 생길 것이기 때문이다. 2, 3위는 육아 방식에 대한 자녀와의 사소한 의견 차이(18%), 허리, 무릎 통증 등 신체적 이유(15%)였다.

이밖에 조부모 육아를 당연시하거나 고마워하지 않는 태도(10%)와 육아로 인한 재취업 기회 상실(8%)도 육아를 꺼리게 하는 요인으로 확인됐다.

따로 살다가 같이 살게 된 이야기

 이런 이유로 시부모님도 아이를 돌보지 못할 것 같다고 말씀하셨다. 그러나 사건은 우리의 상황을 살피거나 환경을 봐주면서 오지 않았다.

 한평생 안경원을 강남에서 오랫동안 운영하시던 시아버지께서 갑자기 사업이 어려워지면서 가게가 넘어가게 되었다. 쌓은 것은 70 평생인데 사라지는 때는 순식간이었다. 살던 집, 사둔 집, 우리가 살던 집, 가게와 모든 것들이 부도가 나서 제로가 되었다.

 그리고 그때 나는 임신을 했다. 가장 사랑

받을 수 있다고 믿었던 그때 가장 배고픈 시간을 보냈다. 아이를 임신하고 불과 몇 개월 뒤 일어난 이 일은 일상적으로 살았던 나의 모든 삶의 태도를 바꿔놓았다.

그리고 나는 이 모든 탓을 시아버지를 향한 원망으로 탓하기 시작했다. 무슨 일이 일어났는지보다는 왜 이런 일을 일으켰냐는 불만을 시아버지를 향해 가졌었다. 그리고 아버지는 누군가처럼 딴 주머니 없이 모든 것을 은행에 넘기고 빈털터리가 되어 길바닥으로 나오셨다.

그때, 갈 곳이 없어 간 곳이 안양에 갈멜산 기도원이었다. 대예배당에서 예배드리고 그

곳에서 잠을 주무시고 일 년 이상을 어머니와 함께 보내셨다. 나 역시도 잘살고 있던 집에서 쫓겨나 지하로 들어가게 되었다.

사업이 망하니 아버지를 통해 복음을 들었던 가족들도, 친척들도 두 부류로 나뉘는 것을 보게 되었다. 선을 긋고 도와주지 않았다. 연로하신 아버지는 자기를 받아주는 데가 없어 꽤 오랜 시간을 밖에서, 아니 하나님 아버지 집에서 사셔야 했다.

그 당시 나와 남편은 교육전도사였다. 남편의 사례는 80만 원, 나의 사례는 70만 원. 거기서 십일조와 헌금을 구별해 두고 교통비, 월세 55만 원을 떼면 공과금 내고 남는 게 별로 없었다.

 학교도 다니고 있었는데 책을 살 수도 없었고 그룹 발제할 때 내야 할 복사비도 없었다. 남편은 새벽예배 대신 새벽에 수입차를 닦아야 했다. 나는 아침 9시부터 저녁 9시까지 조교로 일하면서 등록금 일부를 면제받았다. 지금 다시 생각해도 암울한 기억이다. 하늘이 검은색처럼 보였다.

 그렇게 부모님과 우리는 같은 집은 아니지만 가까이에서 살게 되었다. 그리고 시아버지와 시어머니는 아무 일을 할 수 없는 상태가 되었기 때문에 자연스럽게 아이를 봐주시게 되었다.

아이를 낳고 생긴 일

 많은 여성이 하던 일을 그만둬야 할 때가 임신과 출산이다. 나도 그랬다. 아이를 갖는 게 늦었던 이유는 아이를 낳는다는 것에 대한 나름의 계산 때문이다.

 도무지 계산되지 않는 상황에서 아이를 갖는다는 것은 아이를 잘 먹고 입히기 위한 책임을 다하지 않는 부모의 직무유기라고 생각했다.

 그런데 이런 계산법이 현실에 기반한 것이기 때문에 틀린다고 할 수는 없지만 중요한 사실 한 가지가 빠져있었다. 지금까지 공부하고 결혼하고 여기까지 살 수 있었던 게 나의 노력으로만 가능했다는 건가? 분명 아니다.

그런데 아니라고 말하지만, 금전적인 이유로 아이를 낳지 않는 이유는 불신앙 때문이다. 하나님께 더 나은 환경을 달라고 기도할 마음조차 생각하지 못했다.

그래서 어떤 의미에서 아이는 신앙에 대한 나의 수준이나 상태를 알 수 있는 기준(barometer)이 된다. 생각보다 더 큰 의미를 포함하고 있다. 여자라면 이해할 수 있는 그런 생각들이다. 그러나 하나님은 어떻게 생각하실지 모르겠다.

그때 나는 하나님이 아닌 가난한 내 환경에 사로잡혀 있어서 두려웠다. '어쩌면 이 아이를 통해서 나는 내가 지금까지 공부한 것들을 하지 못하게 될지도 몰라.' 이런 생각들이 아이와 내가 공부한 모든 것들을 바꿀 수 없다고 강력하게 밀어붙이는 듯했다.

이런 두려움은 남자에게도 마찬가지라고 생각된다. 그러나 여자에게는 경력 단절이라는 꼬리표를 바꾸어 달만큼의 세상의 배려를 맛볼 수 없다.

며느리가 사는 세상

 어떤 의미에서 이 책에서 말하는 며느리는 지금 이 시대를 살아가는 여성을 대표하는 상징적인 의미가 있다고 할 수 있다. 1980년대와 90년대에 태어난 여성들을 이해하는 것, 그것이 우리가 함께 잘 살아갈 수 있는 길이다.

 물론 어떤 분들은 분명 이런 질문을 할 수 있다. 왜 내가 이 세대에 대해 배워야 하냐고 말이다. 다른 답은 없다. 내가 더 사랑하니깐 배워야 한다. 내가 배 아파서 낳은 자식이 아니기 때문에 더 알아야 한다.

며느리 세대라고 분류하려고 하는 세대는 Y세대다. 이전의 세대가 X세대였기 때문에 영문자 알파벳에 따라 Y가 붙었다.

그런데 Y세대를 M 세대라고 아울러 사용하기도 한다. 밀레니엄(millennium)을 살아가는 세대이고, 모바일 제너레이션(mobile generation)을 잘 만들고 활용하는 세대이다.

그래서 요즘 며느리들은 장을 보러 직접 방문하지 않고 핸드폰으로 장을 본다. 정보를 얻기 위해 부모님에게 물어보지 않고 모바일을 통해 얻는다.

그리고 요즘 며느리, 소위 우리 며느리가 왜 이럴까를 외치게 만드는 M세대는 소신 있어 보인다. 자기가 하고 싶은 말은 별로 참지 않고 다 하는 것처럼 보인다.

왜 그럴까? M세대는 거의 대학을 나왔다. 이 말은 아들만큼 배운 여자라는 것이다. 그러니 공평하지 않거나 여자니깐 좀 참으라고 하는 말을 이해하지 못한다.

거꾸로 보기

여기서 다시 한번 생각해 볼 것이 있다. 많은 경우에 시부모님이 가정의 일이 있을 때 아들에게 전화하는 것보다 며느리에게 전화한다. 그리고 며느리의 (친정) 부모님은 친정에 무슨 일이 생기면 딸에게 전화한다.

그러면 다시 한번 생각해보자.

가정의 대소사가 얼마나 많은지 모른다. 일년에 큰 명절만 해도 두 번, 네 분의 생신(시댁과 친정), 5월 어버이날, 12월 크리스마스… 여기에 크리스천은 교회 행사와 절기도 많다.

그런데 며느리가 일하거나 공부를 한다면 어떨까? 거기에 한국에서 살아가는 며느리는 자기 집안일도 챙겨야 한다. 식사도, 빨래도, 아이도 … 한 인간으로서 너무 많은 일을 하고 있다고 생각하지는 않는지, 생각해봐야 할 포인트다.

그러면 왜 아들이 아닌 며느리에게 전화할까? 평생 같이 산 아들보다 며느리가 더 편하다고 생각해서다. 혹은 며느리는 그렇게 하는 것이 시집온 며느리의 당연한 역할이라고 생각하고 있어서다. 그러니 고맙다고는 하지만 그렇게 미안하거나 안쓰럽게 생각하지 않는다.

집에서 가장 바쁜 며느리

그래서 집에서 가장 바쁜 사람이 누구냐고 할 때 경쟁자가 많겠지만 당연코 며느리라고 할 수 있다. 이들을 향해 애쓴다, 수고한다, 고맙다는 마음이 있어야 할 이유이다.

그동안 마땅히 받아야 할 권리라고 생각했다면 아들만큼이나 공부하고 아들처럼 일하는 며느리를 향해 내가 가지고 있는 시선이 혹 너무 일방적이지는 않았는지를 생각할 수 있으면 좋겠다.

특별히 우리는 온 세대가 한 교회에 있으므로 모두를 존중해야겠지만 서로를 이해하기 위해서는 그들이 살아온 방식, 어려움을 이해할 필요가 있다.

며느리의 부모 세대는?

M 세대가 며느리에게 해당하는 것이 아니라 그 시대를 산 사람들이 공유하는 관점이라고 한다면 며느리, 딸, 아들, 사위 세대의 부모님은 어떤 세대를 살았을까?

M 세대의 부모 세대를 베이비붐(baby boom) 세대라 한다. 손주들의 할아버지, 할머니, M 세대의 부모를 뜻한다. 붐(boom)이라는 말이 붙으면 어떤 현상이 갑작스레 유행하거나 번성하는 상태를 비유적으로 이를 때 사용한다.

미국은 제2차 세계대전이 끝난 1946년부

터 1965년 사이, 우리나라는 6·25전쟁이 끝난 1955년부터 베트남 전쟁 참전 전인 1963년 사이에 많은 아이가 태어났다. 전쟁이 끝나고, 혹은 전쟁에 참전하기 전에 아이를 많이 낳았다.

먹고살 게 변변치 않아서 파병군으로, 그리고 전쟁이 끝난 직후라서 배고픔을 많이 겼었다. 특히 베이비붐 세대의 전 세대인 자신의 부모로부터 직접 전해 들은 전쟁 이야기는 바로 그들의 이야기처럼 느껴졌다. 다 무너진 나라를 다시 일으키고 경제성장을 일으킨 당사자들이다.

교회와 가정에서 많이 수고하고 성실과 헌

신, 책임감을 중요한 키워드로 생각하고 희생을 당연하게 생각했다. 윗사람이 말하면 틀려도 그대로 따르는 것, 질서와 공동체성을 많이 강요받은 세대이기도 하다.

물론 이 세대 덕분에 우리나라가 이만큼이라도 먹고 살 수 있게 되었다. 그래서 그런지 이들은 "안 되면 되게 하라. 혹은 안 되면 될 때까지 하라." 등과 같은 신조로 살고 있다.

무에서 유를 만들었다는 자아 충만감, 성취감, 성공에 대한 경험은 자신감을 줬고 일을 빠르고 많이 진행해도 된다고 생각하게 했다. 굉장히 목표 중심이고 리더십이 강하다. 또한 가족이나 회사, 교회의 공동체에 대한 어려움을 자신의 몫으로 여긴다.

 리더십이 강하다는 것은 시대정신에 잘 부합되는 현상이었다. 그러나 시대가 변했음에도 자신의 모습을 탈피하지 못하고 자기주장이 강해 가족들이 괴로워하고 본인들도 괴로워한다. 우리나라 문화 현상 중에 어디에서 큰소리로 항의하면 되지 않던 일도 되는 기이한 현상이 있는데 그런 표현 때문에 다른 세대와 많은 충돌을 일으킨다.

 오죽하면 BBC에서 오늘의 단어로 꼰대를 선정하면서(2019. 10. 23) 꼰대는 자신이 항상 옳다고 믿는 나이 많은 사람이라 했을까?

나이가 많은 건 누구나 자연스럽게 겪는 일이다. 그런데 거기에 자기 확신과 확증적 편향이 생기면 다른 사람의 말을 듣지 않는다.

그래서 농담이지만 꼰대 육하원칙이라는 말이 있지 않은가? 내가 누군지 알아?(who), 내가 왕년에 말이야(when), 어딜 감히(where), 네가 뭘 안다고(what), 내가 그걸 왜 해(why), 어떻게 감히 나한테(how) 등의 말을 잘 사용한다면 의심해 봐야 한다.

제일 좋아하는 것을 줘도 좋아하지 않는다

베이비붐 세대가 잘하는 일이 있다면 다른 세대에게 먹을 것을 잘 챙겨준다. 분위기가 안 좋거나 행사가 있으면 밥을 사려고 한다. 회사에서는 고기를 사준다고 하고, 손주들이 오면 치킨을 사주겠다고 한다.

교회에서 음식 대접이나 떡, 간식 등을 많이 사 오는 연령층도 이들이다. 이들은 왜 그럴까? 이 세대에게 먹을 것을 주겠다는 의미는 사랑의 표현이다. 사랑하면 먹을 것을 준다.

우리는 우리가 경험한 것을 주게 되어 있다. 배고픈 시절을 보낸 베이비붐 세대에게 회식이란, 그동안 먹지 못했던 것을 먹는 색다른 경험이었고 야근도 마다하지 않을만한 이유였다. 그렇게 먹으면서 하나 되었고 그 기분 좋았던 경험을 재현하고 싶어 한다.

그래서 자꾸 먹을 음식을 사주겠다고 말한다. 교회에서도 부흥회나 특별 새벽기도회, 수련회나 성경학교를 마치면 이 세대는 음식을 제공해줬다.

그런데 이제 어른들이 나이를 점점 먹으니 교회에서 밥을 하겠다는 세대는 사라지고 그

빈자리를 아무도 채우려고 하지 않으려 한다.

가정에서도 이런 일은 일어난다. 할아버지, 할머니가 손주를 위해 해줄 일은 맛있는 음식을 시켜주거나 사주는 일이라 생각한다. 아이들이 맛있게 먹고 최고라고 엄지척을 내 뽑아 주면 좋을 텐데 어렵지 않게 자란 아이들은 별다른 감흥을 느끼지 못한다.

그래서 조부모들은 슬프다. 내가 제일 좋아하는 것을 주는 데 별로 안 좋아한다.

우리 집 아이들도 할아버지 집에 놀러 간다. 그러면 할아버지는 메뉴 하나 바뀌지 않고 똑같은 음식에 관해 묻는다. "얘들아, 짜장면 시켜줄까? 얘들아, 피자나 치킨 시켜줄까?" 어떤 날에는 아이들이 흔쾌히 좋다고 승낙하지만 배부른 아이들은 음식으로 마음을 주지 않는다.

더욱이 같은 메뉴를 자꾸 권하는 할아버지가 이상하다며 물어오기 시작한다. 왜 짜장면일까? 왜 할아버지는 아이에게 피자나 치킨을 권하는 걸까?

사람은 누구나 자기에게 가장 좋았던 음식, 맛있었던 음식을 사주고 싶어 한다. 향수의 재연이다. 그런데 아이들에게 그 음식은 이제는 필요하지 않다. 부모들도 차라리 돈을 주면 좋겠다는 뉘앙스를 비춘다. 하지만 아이들도, 부모들도 돈을 받을 때는 고맙다고 하지만 크게 감동하지는 않는다.

정서적·영적 필요를 채워주는 조부모

 손주들도 내가 먹고 싶으면 먹고 먹기 싫으면 먹지 않는다. 배고픔에 대한 기억이 별로 없다. 먹는 것에 그다지 욕심을 내지 않는다.

 오히려 이들에게는 먹을 것이 아닌 정서적·영적으로 채워짐이 필요하다. 먹을 것, 장난감, 돈은 아이들의 마음에 진정성으로 남지 않는다.

 아이들에게 필요한 것은 말씀 고기다. 고기 반찬은 없어도 되지만 말씀 고기가 필요하다. 조부모가 아이들에게 건네줄 말씀 고기, 조부모가 아이들에게 들려줄 찬양이다.

할아버지, 할머니의 기도 소리를 듣고 자란 아이는 복된 아이다. 기도 소리를 듣고 자란 아이는 기도하는 아이로 자란다.

오늘날 노인을 뜻하는 노(老, 늙은)가 힘없고 약한 노인인지 아니면 화난 노(怒, 분노)만 있는지 살펴봐야 할 필요가 있다. 노인이라고 다 존경을 받을 수 있는 것은 아니다.

성경에도 존경받을 만한 노인은 하나님을 두려워하고 존중하는 노인이다.

"노인을 존경하여라. 노인이 방에 들어오면 자리에서 일어나라. 너희 하나님을 두려워하여라. 나는 여호와이다."(레19:32, 쉬운성경)

"어른이라고 지혜롭거나 노인이라고 정의를 깨닫는 것이 아니니라"(욥 32:9, 개정).

  나이가 많다고, 교회에 다닌다고 다 지혜롭고 하나님을 경외하는 것이 아니다.

  노인이 하나님을 경외하는 모습을 보일 때 존경받으며, 그 모습을 다른 세대가 보고 듣고 배운다.

  나도 생각해보면 어릴 적 할아버지 집에서 들었던 찬양 소리, 그리고 할아버지가 기도했던 모습, 성경 읽던 모습이 눈에 선하다. 그래서 나는 찬양을 하고 기도하는 일이 어렵지 않았다. 성경을 읽는데 마음이 불편하지 않았다.

 조부모가 기도하고 조부모가 살아온 이야기를 손주에게 말해주자. 어릴 적부터 들어온 신앙의 이야기가 뿌리내릴 수 있도록 도와주자.

 아브라함의 하나님이 이삭을 거쳐 야곱에게 전달되려면 공유가 되어야 한다. 참 어려운 이야기이지만 그렇게 해야 한다. 내가 예수님 믿은 이야기, 우리 가정이 어떻게 크리스천 가정이 되었는지를 들려주는 일, 이 일이 가장 복된 일이다.

조부모가 손주를 양육할 때 일어나는 기적

 할아버지와 할머니가 손주를 키울 때 부모와 다른, 비교할 수 없는 큰 차이점이 있다. 그것은 부모가 보여줄 수 없는 다른 사랑이다.

 조부모가 보여주는 사랑은 부모보다 어떤 면에서는 차별 없는 사랑, 조건 없는 사랑이다. 부모는 조바심 때문에 자녀를 향하여 조건을 걸 때가 종종 있다. '이것을 먹으면, 이것을 하면, 내 말에 순종하면.'

그러나 조부모는 부모보다 덜 급하고 여유롭게 기다려줄 수 있다. 그래서 나도 가끔 조부모의 양육을 보며 감동한다. 손주가 언제든 해달라는 대로 할 준비가 되어 있는 모습을 보여준다. 짜증이나 협박이나 조건 없이 손주를 위해 희생할 준비가 되어 있는 것처럼 말이다.

그러면 조부모는 항상 그랬을까? 아닐 테다. 우리를 키웠을 때 보여준 모습과는 다르게 좀 더 섬세하고 희생적이다. 조부모가 우리를 키웠을 때 했던 실수와 아쉬움을 만회하려고 하는 것처럼 말이다.

그러나 이번에는 자녀가 낳은 자녀를 양육하면서 그 시행착오의 폭이 좁아졌다.

그래서 나는 자랑스럽게 아들에게 이렇게 말한다.

"너는 할아버지 없었으면 큰일 날 뻔했어."

급하고 두려움 많은 나와 달리 조부모는 좀 실수하고 잘못해도 별로 화내지 않고 괜찮다고 하신다. 우유를 쏟아도, 김치를 옷에 붙여도, 밖에서 먼지를 뒤집어써도. 그저 괜찮다고 말한다.

반면 사는 게 피곤하고 예민한데다 아이를 키우는데 몹시도 서툰 며느리는 마음이 급하다. 아이 얼굴에 뭐라도 묻으면 금방 어떻게 될 것처럼 쫓아다니며 닦는다. 공부도, 말도, 아이들이 하는 실수를 과정으로 여기기보다는 바로 고쳐줘야 한다고 생각한다. 그래서 조부모와 다르다.

아이에게 이유식을 먹일 때

 며느리가 살아온 시대는 정보를 쉽게 얻을 수 있다고 했다. 그런 면에서 조부모가 직접 경험한 것과 다르게 며느리는 책이나 정보 등을 통해 듣고 배운 간접경험을 맞선다.

 살아온 세계와 문화가 다르다.

 아이가 이유식을 시작할 때 하나씩 맛을 봐야 뇌에 각인된다고 생각했다. 그래서 본연의 재료들의 맛을 충분히 살려 단맛, 신맛, 쓴맛, 밋밋한 맛, 고소한 맛 등으로 이유식을 준비했다.

그중에서도 단맛은 제일 먼저 배워야 할 맛이 아니다. 단맛을 맛보면 다른 맛을 먹지 않을 게 분명하다.

그래서 각각의 맛을 먼저 익혀야 한다. 섞여 있는 맛이 아니라 순수한 맛, 그게 아이에게 훨씬 좋을 것으로 생각했다.

늦은 시간까지 처음으로 이유식을 만들었다. 엄마의 정성이란 게 이런 거구나 하는 마음으로 냉장고에 이유식을 채워 놓고 출근 전 시어머니에게 보란 듯이 부탁했다.
"어머니, 이거 오늘 먹이세요."

퇴근할 때 아이가 엄마가 만들어 준 이유식

을 다 비웠을 모습을 상상한다. 그렇게 신이 나게 현관문을 연다. 그런데 아이는 저녁 밥상으로 아욱국을 먹고 있다. 삼삼한 간에 된장국을 끓였다고 하셨지만 이건 내 계획과 달랐다. 당연히 아이는 내가 만든 이유식을 먹지 않았을 것 같았다. 어머니가 미웠다.

시어머니는 내 마음을 전혀 몰랐다. 그래서 또 설명했다. 왜 아이가 된장국이 아닌 각각의 맛을 느껴야 하는지 체계적으로 설득하려고 했다. 시어머니는 알았다고 하셨다. 그러나 아이는 계속 된장국을 먹는다. '그래. 오늘은 어쩔 수 없지만. 내일은 이유식 주실 거야.'

다음 날, 어떤 일이 일어났을까? 아이가 먹지 않아서 줄 수 없었다고 말씀하시고 또 된장국을 먹이셨다. 옛날에는 된장국 먹고 다 컸다고 하면서 말이다. 정말 아이를 맡기고 싶지 않아졌다.

거기에 시어머니가 쐐기를 박는 말씀을 하셨다. 어머니가 아이가 하도 안 먹어서 내가 먹어봤더니 맛이 너무 없다는 것이다. 당연하지. 이것은 어머니를 위한 것이 아니라 생애 최초로 밥을 먹는 아기를 위한 밥상이다. 아이들 것은 유기농이라 더 비싸고, 나 먹을 아침 밥상 대신 아이를 위해 정성껏 준비했는데 처음으로 무너졌다. 전쟁을 할 것인지, 포기를 할 것인지 선택해야 했다.

나는 밖에서 사용하는 에너지가 너무 컸다. 해야 할 일도, 하고 있는 공부도 다 하려고 하면 무엇 하나는 포기해야 한다고 생각했다. 계속 시어머니랑 이런 문제로 얼굴을 붉힐 수도 없다고 생각했다.

'내 아이라도 안되는구나.'

여러 시행착오를 통해 나는 어머니를 그냥 그 세대 자체로 받아들였다. 이해할 수 없지만 그냥 그런 사람으로 받아들였다. 그리고 결심했다. 내가 아이를 보지 않는 시간에는 어머니의 결정에 맡겨야겠다.

시어머니와 며느리의 쟁탈전

 밖에서 일하는 여자로서 집에서 간헐적으로 전화가 올 때 가슴이 내려앉는다. 시어머니는 너무도 간단한 질문을 하기 위해 전화를 한 거지만 나는 일하다가 받는 전화에 겁부터 났다. 아이에게 무슨 일이 생긴 건 아닐까? 그런데 전화를 받으면 아무 일도 아니다. 몇 차례 혼자 놀란 가슴을 부여잡고 시어머니에게 말씀드렸다.

"어머니, 급한 일 아니시면 카톡으로 남겨주세요. 일하다가 놀래요."

 시어머니는 나의 부탁대로 해주셨다. 이제

는 전화해야 하는 내용도 하지 않으셨고 문자도 거의 남기지 않으셨다.

 그러다 문제가 또 생겼다. 아이를 돌보다 보니 시부모님의 발언권이 더욱 강해지는 것 같았다. 마치 이 아이를 자기가 낳은 아이라고 생각하지는 않으시겠지만 옷 입는 것, 가르치는 것, 병원 가는 것을 본인들이 결정해야 한다고 생각하는 것처럼 느껴졌다.

 그럴 때 나는 너무 황당했다. 이 아이는 내가 열 달 동안 품고 있었던 아이이고, 내가 배 아파서 낳은 아이다.

 그런데 자꾸 울타리를 넘는 일이 벌어지기

시작했다.

"너 피곤한데 우리가 데리고 자면
어떻겠니?"
"교회에서 어디 가는데
얘 같이 데리고 가도 되겠니?"

 거절할 수도 없는 달콤한 유혹이었다. 아이 빨래만 해도 산더미, 평생소원이 소박하게 잠 한 번 실컷 자는 것으로 생각할 만큼 몸과 마음이 지쳐있었다.

지켜야 할 가정의 울타리

하지만 힘들고 어려워도 아이를 밤에 부모님 댁에 두고 오지는 않았다. 아무리 이른 새벽에 나갈 일이 생겨도 부모님 댁에 데려다 놓고 가지, 아이와 떨어져 자지 않았다.

적어도 밤 시간을 지키는 것은 부모가 해야 할 당연한 일이라고 생각했다.

교회에서 늦게 와도 밤 시간은 내가 아이를 보호하고 양육할 시간이라고 생각했다. 아이를 생각하거나 효율성을 따지면 조부모님의 집에 두는 게 더 나을지 모른다.

그러나 이 달콤함을 한 번 맛보면 또 맡기고 싶어지고 아이도, 부모님도 당연하게 생각할 수 있다.

'이 아이를 키우는 책임자는 나다.
부모님은 나를 도와주는 조력자다.'

이런 생각이 필요하다. 이 선이 분명할 때 서로를 지킬 수 있다.

특히 5살 이하의 아이들은 조부모가 양육할 때 조부모의 그 무한대의 사랑을 맛보며 조부모를 부모보다 더 따르고 사랑한다. 사랑을 받는다는 것을 아이도 알고 있다.

게다가 조부모가 강한 성격일수록 부모가 어떻게 하지 못하는 것을 알면 아이들은 혼날 때 조부모의 발밑에 숨는다. 그러면 이제 아이 싸움이 조부모와 부모의 교육방식에 대한 갈등으로 금방 이어진다.

 아이도 내가 누구의 보호를 받고 있는지 헷갈릴 수 있어서 맞벌이하더라도 잠자리는 꼭 아이의 곁에 있어 줘야 한다. 부모가 있고 조부모가 조력해주는 것이다. 주객이 전도되면 안 된다.

조부모의 결정대로 따르게 되면 생기는 일

그런데 조부모님은 대개 어떤 결정을 내릴까? 당연히 내가 이 집안의 어른이므로 내가 내린 결정을 아이의 부모가 따르는 게 맞는다고 생각할 수 있다.

아이의 옷, 병원, 먹는 것 하나하나 말은 그렇게 하지 않지만 내가 가장 어른이니깐 내가 결정해도 된다고 생각하는 분들이 의외로 많다.

또는 이런 결정 정도는 내가 해도 된다고 생

각한다. 그래서 이런 게 어렵다.

 삶이란 뭔가 분명하고 확실한 선이 있지 않다. 삶이란 매우 굴곡이 있고 흐름이 있고 맥락이 있다. 이럴 때는 이것이 맞지만, 저럴 때는 저것이 맞다.

 그렇다고 하더라도 중요한 한 가지 사실을 기억하면 된다. 무엇인가?

이 아이의 부모가
누구인지를 잊지 않는 것.

공경의 순서 되새기기

조부모의 생각은 틀리지 않는다. 집안의 가장 큰 어른이 맞다. 그렇다고 아이에 관한 결정을 내가 어른이니 내가 내릴 수 있다고 생각하는 것은 틀리다.

손주가 순종을 배워야 하는 대상은 '조부모'가 아닌 '부모'이다. 간혹 부모가 아이를 잘못 가르치고 양육할 때도 부모 옆에서 조부모가 참견하지 말아야 하는 이유는 이 때문이다.

부모도 실수를 통해 교정하고 깨닫고 고칠 기회가 필요하다. 부모도 잘못 내린 결정을 통해 자기가 무엇을 잘못했는지 배울 기회가 필요하다. 더욱이 이 경계가 분명하지 않으면 손주는 앞으로 모든 결정에 있어 부모가 아닌 조부모에게 허락받으려고 할 것이다.

공경의 순서

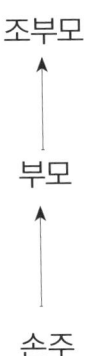

다시 한번 말하지만, 이 수직적인 선은 위에서 아래로 내려가는 게 맞지만, 손주가 순종해야 할 대상으로 살피면 조부모가 아닌 부모이다.

그러므로 조부모가 이것을 기억하고 양보 혹은 권한을 위임해주는 노력이 필요하다. 잘되지 않는 일이기 때문에 새롭게 배워야 한다.

만약 이 순서가 무너지면
어떤 일이 일어날까?

아이가 할아버지 혹은 할머니 뒤에 숨어서 부모의 말을 무시하기 시작한다. "할아버지가 그러던데." 혹은 자신의 요구를 할머니에게 은밀하게 부탁해 부모에게 전달할 수도 있다. "오늘 애 좀 데리고 자면 안 되겠니?" 아이가 어떻게 그럴 수 있냐고 물으신다면 아이도 전적 죄인의 기질을 타고 태어나 자기에게 유리한 대로 견해를 밝힌다.

그래서 이 부분은 정리가 필요하다. 조부모가 키우는 아이와 부모의 관계에 많은 문제가 여기서부터 시작한다.

서운한 순서가 아니라 배워야 하는 순서이다. 이렇게까지 해야 하나 생각이 들더라도 이것이 성경에서 말하는 순서이다.

네 부모에게 공경하라고 한 말씀은 크리스천이라고 한다면 모를 리 없다(출20:12; 신5:15; 마15:4, 마15:6; 마19:19; 막8:10, 막10:19; 눅18:20). 너무 익숙하게 들어온 말씀이다. 그런데 여기에서 부모는 아이의 아버지와 어머니(your father and your mother)이다.

일반적으로도 아이의 주민등록등본을 떼면 조부모가 아닌 부모의 이름이 등재되어 있다는 것 정도는 상식적으로 알고 있다. 실제로도 그래야 한다. 손주의 부모가 있다. 그리고 조부모가 그다음 순서다. 그래서 아이가 평생 배우고 듣고 함께 해야 할 대상은 조부모가 아닌 '부모'이다.

아이를 혼낼 때

 아이에게 좋은 부모가 된다는 것도 처음부터 낳았다고 바로 생기는 자연스럽고 본능적인 현상이 아니다.

 아이와 부모가 친해질 시간이 필요하다. 사귐이 있어야 한다. 좋을 때도, 혼날 때도 부모에게 혼나야 한다.

 그런데 손주가 혼나는 게 너무 마음 아픈 나머지 조부모가 참다 참다 한마디 하게 되면 어떻게 될까?

 질서가 엉망진창이 된다. 지금까지 했던 교

육을 다 엎는 셈이다. 그래서 이 순서를 꼭 기억해야 한다.

 부모도 마찬가지다. 아무리 삶이 피곤하고 어렵더라도 내가 낳은 자식은 내가 키워야 한다.

 연로하신 부모님에게 맡겨버리고 주말에만 아이를 찾거나 나 몰라라 하는 식의 방관이나 방임, 소극적 양육은 버려야 한다.

자녀를 혼낼 때
조부모가 옆에 있다면?

다만 서투른 부모가 조부모에게 상의하거나 의견을 물을 때 조부모는 기도하는 마음으로 지혜를 나눠줘야 한다.

한 발자국 뒤로 물러설 때 존경을 얻는다. 누가 힘이 센지, 누가 어른인지에 대한 문제가 아니라고 했다. 이 문제는 질서에 대한 것이다. 매우 간단하지만 분명한 원리이다.

그런데 또 하나 기억해야 할 메시지가 있다. 이 화살표는 순종해야 할 대상이 누구인지를 알려주지만 동시에 아무리 내 자식이라고 해도 내 것이 아니라는 뜻을 가르쳐준다.

자녀를 노엽게 하지 말라는 말씀은 성경에 두 번이나 나올 만큼 강조되어 있다(엡6:4; 골3:21).

조부모가 아이 옆에 계시는데 조부모를 어렵게 생각하지 않고 아이를 함부로 대하고 혼내면 조부모를 무시하는 행위이다.

내가 부모로서 자녀를 혼내거나 가르칠 때도 조부모의 자리를 인정해주는 선에서 양육해야 한다. 조부모가 너무 마음 아파하는 것을 알면서 보란 듯이 아이를 심하게 혼내는 것은 이미 선을 넘은 행위이다. 어른은 어른의 문제로 따로 구분해야 한다.

또한 조부모는 내가 집안의 어른이시지만 항상 하나님을 공경하는 삶의 태도를 지녀야 한다.

내 위에 아무도 없는 것처럼 사는 게 아니라 하나님 앞에서 사는 삶을 살아가고, 지켜낼 때 자녀들이 인정한다. 그리고 조부모에게 자녀를 맡기면 불안해하지 않는다.

경외라는 말을 사용할 수 있는 존재

성경에 보면 '경외'라는 말을 두 존재에게만 사용한다는 것을 알 수 있다. 바로 하나님과 부모이다.

어떤 유사성이 있길래 부모에게도 이 단어를 사용한다는 걸까?

부모는 하나님이 주신 생명을 '전달'해주는 심부름꾼이다. 육신의 부모가 없다면 이 세상에 태어날 존재는 아무도 없다.

하지만 하나님처럼 부모는 전능하지 못하다. 다만 하나님께서 허락하셔야만 낳을 수 있다.

 그래서 하나님은 하나님에게 사용하는 경외라는 단어를 육신의 부모에게도 허락하셨다. 큰 칭호로 부모에게 붙여주셨다. 그러면서 엄격하게 자녀에게 주안에서 부모를 따를 것을 명령하셨다.

어른을 존경하지 않는 세대

그런데 우리의 자녀들이 부모에 대해 어떻게 생각하고 있을까?

유니세프 조사에 따르면 아시아 지역 17개 국가 중에서 어른을 존경하지 않는 나라로 우리나라가 1위를 차지했다. 17개국 평균이 72%로 어른을 공경한 데 비하면 우리나라는 13%의 낮은 비율이다.

그런데 어른을 존경하지 않는 데에서만 그치는 것이 아니라, 권위 있는 사람을 존경한다는 응답률에서도 우리나라는 5% (17개국 평균 53%)를 차지했다.

어른에 대한 권위와 존경심의 상실은 우리 사회의 여러 가지 심각한 문제를 일으키며, 사회를 통합하는 중요한 요소의 손실을 주고 있다.

경외를 실천하는 방법

경외라는 말은 일상에서 잘 사용하지 않는다. 그래서 어렵게 느껴지고 어떻게 실천해야 할지 감을 잡을 수 없다.

경외라는 것을 실천하려면 우선 내가 순종해야 할 대상, 경외해야 할 대상의 말씀을 기억하는 것으로부터 시작한다. 듣기는 들어도 기억하지 못하고 흘려보내는 사람들이 너무 많다. 아무리 좋은 말씀을 들어도 기억하지 않으면 남는 게 없다. 그래서 잘 들어야 한다.

그런데 도둑의 말을 듣는 게 아니고 내가 믿고 따를만한 분의 말씀을 귀담아듣는 것이다. 나를 아끼고 사랑해주는 그분의 말씀이기에 잘 들을 수 있다. 그래서 경외라는 말을 사용하려면 먼저 관계 형성이 필요하다. 아무개가 하는 말을 듣는다고 순종할 수 없다. 오직 나와의 관계가 어떠냐에 따라 달라진다.

하나님은 나에게 어떤 분인가. 하나님은 나의 창조주시며 구원자시고 보호자시다. 하나님은 우리 인생의 주인 되시며 완성자이시다. 그런데도 하나님은 소위 어떤 사람들처럼 군림하거나 억지스럽게 두려움과 초조함을 앞세우며 말씀하지 않으신다. 들을 건지 말 것인지는 나의 결정으로 맡기셨다.

경외를 실천하기 위해서 두 번째 실제적인 전략은 중요하게 듣는 것이다. 관계가 바르게 설정되었다면 부담스럽지만은 않을 것이다.

무겁기는 하지만 두려움을 주지는 않는다. 할 수 있을까 망설일 수는 있지만 윽박지르며 무조건 해내라고 하지는 않는다. 다만 듣고 행할지, 말지는 듣는 사람의 자유이다.

그래서 경외는 나에게 말해주시는 그 분과의 바른 관계에서 시작하고, 중요하게 듣고 기억하고 행동으로 옮기는 것으로 끝난다.

경외를 잃어버린 이유

 그런데 우리가 왜 경외를 잃어버리는가? 위의 내용에서 다룬 것처럼 하나님의 자리를 인정하지 않게 되었기 때문에 질서의 훼손이 왔다. 하나님을 오해하고 불신하게 되었기 때문에 하나님의 메시지도 싫어하게 되었다.

 그리고 우리가 주님의 뜻과 진리가 허용되는 범위 안에서 자녀를 순종하도록 가르치지 않았기 때문에 자녀 역시도 하나님을 오해하게 되었다.

 매사 나의 이익을 우선으로 결정하다 보니 자녀들도 나의 말을 지극히 가볍게 듣고 있다. 그러므로 이 순서도 위로부터의 순서를 바로 하는 게 먼저다.

 부담스럽고 어려운 이야기처럼 들리지만 곤란한 일은 아니다. 사탄은 늘 우리와 하나님 사이를 갈라놓을 궁리를 한다.

 하나님의 구원 방법은 내가 중요하게 들어야 할 대상이 누구인지를 분명하게 보여준다. 내가 먼저 실천할 때 내 모습을 보고 자녀들이 뒤따른다.

비가 올 때 쓰는 우산처럼

 순종, 경외라는 말은 서로 이어져 있다. 경외가 되려면 경청과 순종이 필요한 것처럼 신앙이란 분리가 아니다.

 마치 비가 올 때 우리는 각자 우산을 쓴다. 우산을 들만한 힘이 조금만 생기면 아이에게 우산을 준다. 아이와 같이 우산을 쓸 수 있지만, 평생 아이의 우산을 씌워줄 수 없다.

 또한 우산은 보호, 안전을 의미한다. 우산을 쓰고 있으면 비가 와도 괜찮다. 빗물이 좀 튈 수는 있지만 그래도 우산 안에 있으면 안전하다.

우리가 하나님의 말씀을 경외할 때 보호하심을 입는다. 그리고 자녀도 마찬가지다. 자녀가 부모의 말씀에 귀 기울여 들을 때 보호받는다.

며느리를 이해하기 위한
첫 번째 관문, 감정

 가정마다 문제없는 집은 없다. 내 눈에는 다른 집의 문제가 좀 가벼워 보인다고 생각할 수 있다. 하지만 모든 가정에는 감당하든 못하든 문제가 있다. 말을 바꾸고 행동을 조심해도 문제는 일어난다.

 마음 없는 공손은 상대를 허울로 대하는 것이기 때문에 갈수록 비참하게 만든다.

 그러면 행동만 예의 바르면 되나? 그렇지 않다. 마음 없는 공손은 상대를 비참하게 만

든다.

 말과 행동이 문제가 아니라 감정을 먼저 바꿔야 한다. 결국 자녀에게 물려주는 것은 좋은 감정이다.

 그런데 조부모와 며느리의 관계가 좋지 않다면? 부모를 공경해야 한다는 말을 알고 있지만, 그것을 지킬 마음이 없다면? 맞는 말씀이지만 왠지 빈정거리고 싶은 마음이 올라온다면? 그것은 감정 때문이다.

 아무리 좋은 말씀을 해도 안 들리는 이유는 그 말이 틀려서가 아니라 감정이 나쁘기 때문이다. 자녀를 키우면 알게 되는 이상한 기분이다. 부모가 말하면 안 듣던 애가 다른 선생님이 말하면 듣는다. 너무 황당하고 속상하다.

 그런데 왜 그런가? 부모의 말은 감정적으로 들리기 때문에 그렇다. 그래서 감정에 대해 풀고 가야 한다. 어떻게 하면 감정이라는 문을 잘 열 수 있을까? 감정을 해결하면 마음이 편해진다. 사이가 좋아진다.

 그래서 나는 이런 말씀을 드리고 싶다. 어떻게 예수님을 잘 믿는다는 것을 말할 수 있을까? 그것은 관계가 좋아지는 것이다. 하나님과 나와의 관계, 그리고 나와 자녀와의 관계가 회복될 때 잘 믿게 된다.

여러분은 어떤가? 위에 계신 하나님과는 좀 되는데 옆에 있는 부부 사이는 어렵고, 아래에 있는 자녀와의 관계는 막혀 있지 않은가? 그러면 잘 들어보라.

관계를 회복하기 위해서는 감정이 큰 영향을 미친다. 왜 자녀들이 교회 안 오나? 교회 오면 좋다는 걸 안다. 그런데 부모와 감정이 좋지 않으면 안 온다. 이게 포인트다. 바쁘고, 힘들다는 것, 맞는 말이지만 결정적인 이유는 아니다.

그러면 우리가 알아야 하는 게 무엇일까?

감정에 대해 알아야 할
세 가지 포인트

1. 감정은 억압한다고 사라지지 않는다.

 손자를 키우면서 기쁜데 자녀에게 감정이 흘러가지 못하면 몸에 병이 생긴다. 감정은 누르면 사라지는 게 아니라 우리의 몸에 흔적을 남긴다.

 그래서 몸이 자꾸 아픈 사람들, 몸살이 나는 것처럼 살살 아픈 사람들이 있다면 감정의 문제가 있다는 것을 알아야 한다. 감정을 표현하지 않는다고 끝난 게 아니란 말이다.

2. 감정은 에너지다.

 영어로 감정을 뜻하는 감정(emotion)은 e와 motion의 합성어다. e는 밖으로(out)라는 뜻이 있고 motion은 움직인다는 말이다. 그러므로 감정은 움직인다. 여기서 중요한 점은 감정의 흐름을 발견하는 것이다. 감정이 훅하고 올라왔다가 잠시 뒤 출현하면 사라진다.

 그래서 사라질 이 녀석을 붙잡고 끌고 다녀서는 안 된다. 이 말은 감정을 느끼는 것은 괜찮지만 감정에 정복당하면 안 된다는 말이다. 비슷한 말처럼 보이지만 내가 화났다는 것을 알고 불쾌하다는 것을 느끼더라도 그래서 내가 이 감정이 끌고 가는 데로 잘못된 결정을 내려서는 안 된다는 말이다.

　감정을 인정한다는 것은 감정을 이해하고 알아차린다는 뜻이다.

3. 감정은 이성과 분리해서 되는 게 아니라 '통합'할 수 있어야 한다.

　감정적이라는 말이 주는 뉘앙스는 불편하다. 감정적이라고 할 때 대개 사람은 부정적인 평가로 인식한다.

　감정을 인정하는 것은 내가 무슨 감정인지

를 알고, 그것을 통해 이성적으로 균형을 잡는 노력을 배운다는 것이다. 서운하다고, 섭섭하다고, 화가 났다고 며느리에게 이성을 배제한 태도로 대해서는 안 된다.

  물론 며느리도 마찬가지다. 감정은 잠시 뒤 사라진다. 그리고 그 빈자리에 이전에 느낀 감정에 담긴 나의 요구를 이성적으로 채워놓으면 된다. 그러면 감정을 통해 알게 된 나의 욕구를 이성적으로 해결할 수 있다.

조부모의 감정관리

 조부모가 제일 못하는 것이 감정표현이다. 그리고 감정표현을 하지 못하기 때문에 자연스럽게 감정에 대한 관리가 어설플 수밖에 없다. 감정을 느끼는 것이 사치라고 할 만큼 그들은 너무도 열심히 살아왔다.

 하지만 요즘 세대는 감성세대라고 할 만큼 감정적이다. 우리가 사는 시대가 감정을 표현하고 감정을 누리고 감정대로 행동한다. 그래서 우리는 며느리와 대화할 때도 너무 감정적이어서 놀라거나 당황할 수 있다.

 조부모가 감정을 표현한다는 것은 쉽게 말

해, 감정에 이름을 붙이는 것이다.

 주인만 이름을 붙일 수 있다. 내 감정에 주인이 되어 이름을 붙인다. '내가 이런 감정을 느끼고 있구나. 내가 지금 불쾌하게 느끼고 있구나. 내가 지금 무시당하는 것 같구나.'

 긍정적인 감정도 있지만, 사람이 문제가 되는 것은 힘든 감정이 붙을 때다. 불같이 활활 타오르던 감정의 에너지의 불길을 잡을 방법은 이름을 붙이는 것이다.

 감정에 이름을 붙이면 감정의 불길을 잡을 수 있다. 감정이 에너지이기 때문에 그 에너지에 이름을 붙이면 물질처럼 현상으로 드러

난다.

이름을 붙였다면 그다음에 내가 이것을 어떻게 처리할지를 생각하면 된다. 만약 물이 감정이라고 한다면 이 물을 가지고 커피를 탈지, 국을 끓일지, 밥을 할지 결정하자는 말이다. 그런데 이게 너무 중요하다.

부모(조부모 관점에서 자녀)가 손주를 쥐잡듯이 잡는 것을 보면 어떤 마음이 드는가? 부모가 너무 심한 것 같다는 생각이 든다.

때리지는 않더라도 아이가 무서워하는 회초리를 냅다 뺏어서 던져 버리고 싶은 마음일 테다. 그런데 부모의 모습에서 1세대인 조부모의 모습이 보인다. 내가 보여준 모습을 부모가 되어 똑같이 재현하는 것처럼 느껴진다.

그래서 내가 건강해져야 한다. 그 재현이 다시 바뀔 수 있도록 마지막 기회를 하나님께서 우리에게 주셨다. 다시 한번 수정할 수 있는 시간을 주셨다.

손주는 조부모와 부모 사이의 다리 역할을 한다. 부모와 서먹하게 멀어질 수밖에 없었는데 손주라는 사랑스러운 존재를 통해 그나마 자주 만나게 되고 얘기할 수 있게 된 집이 얼마나 많은지 모른다.

그러니 기회다. 다시 주신 기회다. 이 기회를 통해 내가 이루고자 하는 것이 무엇이어야겠는가?

지금까지 감정표현이라고 하면 내가 하고 싶은 말, 내가 티 내고 싶은 표정을 드러내는 것으로 생각하고 살았을 수 있다.

내 마음 하나 시원하여지자고 살면 안 된다. 지금까지도 당연히 그렇게 살아왔다. 앞으로는 그렇게 하면 안 된다. 왜냐하면 이제는 정말 시간이 별로 없어서 그렇다.

액자에 예수님이 있는가?

 우리의 가정에 의외로 예수님을 믿는다고 해도 예수님이 없는 그림을 그릴 때가 종종 있다.

 급하게 돌아가야 하는 일들을 만날 때, 사건·사고와 같은 이해할 수 없는 일을 만날 때, 고통이나 우울함에 빠질 때 우리는 예수님을 탓할 대상으로 여길 뿐이다. 예수님을 표적으로 삼아 모든 결과를 예수님께 돌릴 생각을 한다.

 그러나 이제 우리는 우리의 그림에, 가족사진에 예수님이 함께 할 수 있어야 한다. 마지막에 예수님을 초대할지 안 할지는 조부모의 사명이다. 이것이 예수님을 믿고 사랑하는 내가 원하는 것이다.

 정말 내가 자녀에게 무엇을 바라는가? 자녀가 나에게 효도하지 않더라도 자녀가 하나님의 자녀가 되었으면 좋겠다는 마음의 자리까지 내려갈 수 있을까? 효도도 하고 하나님도 잘 믿으면 좋겠지만 만약 그렇지 않다면? 둘 중에 무엇을 더 앞서서 선택하겠는가?

나에게 마지막 사명이란

어쩔 수 없는 상황이라 손주를 볼 수밖에 없다면 그래도 이 정도는 웬만한 부모라고 한다면 할 수 있는 정도다. 그러나 크리스천 조부모라고 한다면 손자를 돌보며 그리스도의 사랑을 전해주기 위한 것이라 마음을 다 잡아야 할 것이다. 자녀들에게 마지막으로 내가 보여줄 모습을 남겨주기 위해서다.

그리고 자녀와 화해할 수 있는 마지막 기회가 될 수 있다. 조부모에게 손자를 봐달라고 아쉬운 소리 할 때 그때가 가장 나의 도움이 필요할 때이다. 그때 우리가 손해를 보는 적용함으로써 십자가 지는 심정으로 인내해야 한다.

다시 찾은 자녀

다시 한번 생각해보자. 자녀들이 대학교 들어가면서부터 신앙교육이 되었는가? 아닐 테다.

지금 부모 앞에 얼마 만에 다시 돌아와서 아이를 맡긴 것인가? 이번에는 손주만 데려온 것이 아니라 며느리와 함께 왔다. 너무 중요한 시간이다. 그러므로 정신을 바짝 차리고 복음을 전할 기회로 삼아야 합니다.

> 너는 말씀을 전파하라 때를 얻든지 못 얻든지 항상 힘쓰라 범사에 오래 참음과 가르침으로 경책하며 경계하며 권하라 (딤후4:2)

며느리에게 복음을 전하는 3가지 방법

그러면 구체적으로 어떻게 복음을 전할 수 있을까요? 여기서는 조부모가 며느리를 포함한 손주의 부모가 된 자녀들에게 어떻게 복음을 전할 환경을 만들 수 있을지를 알려주고자 한다.

1. 손해를 보는 적용을 해야 한다.

세상에 자기 것을 손해 보고 싶어 하는 사람은 아무도 없다. 하지만 오직 부모만이 자녀를 위해 물질적, 신체적, 정신적, 영적으로 밑질 수 있다.

그래서 부모는 위대하다. 부모만이 가능하다. 그런데 이 적용을 나에게 하는 것이다.

내가 너에게 어떻게 하는데, 라는 생각이 올라올 때 복음을 생각하고 참는다. 하고 싶은 말을 하지 않는다. 당연히 받을 권리가 있는 사람처럼 굴지 않는다.

나오미는 며느리를 위해 손해를 보는 적용을 먼저 자신에게 적용했다. 남편 잃고 자식 둘 잃은 나오미다. 남은 것은 며느리밖에 없다. 여자라고 해도 시집오면 시댁의 재산으로

취급받던 시대다. 늙고 할 수 있는 일도 없다. 젊은 며느리라도 있어야 밥이라도 얻어먹을 수 있으리라 생각할 수 있다.

그러나 나오미는 손해 보는 적용을 자신에게 적용한다. 이게 크리스천 조부모가 다른 사람과 다른 점이다. 베들레헴으로 돌아갈 생각을 하면서 며느리에게 네가 원하는 대로 하라고 한다(룻1:8).

내가 결정하고 따르라고 하는 게 아니라 며느리를 진심으로 축복하며 그들이 마음 편하게 친정으로 돌아갈 수 있도록 권하고 있다.

그런데 예기치 못하게 룻이 어머니를 따라

가겠다고 했다. 그리고 나오미의 손해 보는 적용을 통해 닦아놓은 길에 룻은 보아스와 결혼하고 예수님의 길을 예비한다.

믿지 않는 조부모도 자녀들만 행복하게 잘 살면 된다는 마음을 가지고 있다. 나에게 잘하고 부부끼리 사이가 안 좋다면 아무 소용이 없다.

그런데 예수님을 잘 믿는 지혜로운 조부모는 부부의 그림에 주님이 있어야 함을 말하는 것이다. 그 권위는 먼저 자신들을 위해 희생한 부모가 걸어간 길이다.

앞서 시댁이 망한 일을 겪고 십 년 이상을

우리 집 근처에서 같이 모시고 살았다. 그때는 하루하루 버틴 것밖에 없지만 시부모님은 나의 몫을 인정해주었다. 도망가지 않고, 버리지 않고, 같이 고생했다며 뭔가 중요한 결정을 할 때 나의 목소리를 귀담아주신다.

 권위는 다른 사람에게 끼치는 영향력이다. 그런데 그 영향력은 수고와 헌신으로 쌓아진 모범에서 생긴다.

2. 서로의 약점을 공격하지 않을 때 예수님을 전할 기회를 얻는다.

자녀를 키울 때 자녀가 어떤 강점이 있고 약점이 있는지 알게 된다.

나도 남편과 생각이 일치하지 않아 서로 맞부딪치거나 맞설 때 남편의 약점을 시어머니에게 고자질한다. "어머니, 아들 아시잖아요. 그 똥꼬집 있잖아요."

하지만 그것을 가지고 어머니는 맞받아치면서 나의 약점을 들추지 않으신다. 물론 나도 선을 지킨다. 내가 남편의 약점을 알 듯, 나의 약점을 시부모도 알고 있다. 그분들의 약점도 우리는 알고 있다.

그러나 가족은 서로가 가진 연약함을 공격할 무기로 삼지 않는다. 그리고 사랑으로 덮어준다. 이해가 되지 않을 때도 사랑으로 덮어준다.

이런 의미에서 다윗은 약점을 덮어주지도, 들추지도 않고 그저 소극적인 태도로 일관하며 간여하지 않는다.

다윗은 이스라엘 백성은 지켰지만, 사랑하는 아들들은 지키지 못했다. 특히 암논과 압살롬을 잃었을 때 다윗은 무너져내렸다. 암

논이 배다른 동생인 다말을 성폭행했을 때 다윗은 이 일에 대해 정리하지 않았다. 누가 잘못했는지에 대해 간섭하지 않았다. 다윗이 이런 결정을 내렸다고는 믿을 수 없었다.

다윗이 누구인가? 전쟁에 나갈 때마다 승리를 이끈 용사이고 왕이다. 그런 다윗이 가족의 문제에 있어서는 나서지 않는다. 그러다 끝내 압살롬이 기회를 엿보다가 암논을 죽인다. 그런데 이때에도 다윗은 압살롬 때문에 몹시 화를 냈을 뿐 어떤 가르침도 내리지 않는다.

결국 압살롬은 이번에는 아버지를 향하여 쿠데타를 일으킬 복수를 꿈꾼다. 아버지에게 사랑받고 인정받고 싶어 하는 한 아들의 삐뚤어진 욕망이 보인다.

 그런데 다윗이 압살롬을 미워했나? 아니다. 다윗은 자신의 군대에 압살롬을 죽이지 말라고 간곡히 부탁했고, 압살롬이 죽었을 때 "내 아들 압살롬아, 내 아들 내 아들 압살롬아, 차라리 내가 너를 대신하여 죽었다면, 압살롬 내 아들아 내 아들아"하면서 울부짖었다.

 가르쳐야 할 시기, 복음을 전할 때를 놓치면 사랑하는 존재를 잃는다. 적절한 시기를 놓치면 다시 기회는 없다.

3. 어쨌든 사이가 좋아야 주님을 믿는다.

 우리는 자녀를 위해 많이 기도한다. 그런데 문제는 나와의 관계에 있다고 했다. 그래서 조부모인 내가 걸림돌이 아닌 통로로 쓰임 받아야 하는 이유가 여기에 있다.

 아브라함이 이삭을 바치러 갈 때 이삭은 얼마든지 도망갈 수 있었다. 힘으로 아브라함을 넘어뜨릴 수 있었고 밀칠 수 있었다. 따질 수 있었고 화를 낼 수 있었다. 그런데 이삭은 이상하리만큼 아브라함을 신뢰했다. 무언가 이해되지 않으면 따지고 이기려고 드는 지금의 세대와는 다른 반응이다.

이삭은 하나님의 뜻을 전혀 알지 못했다. 오직 아브라함만 하나님의 말씀을 듣고 이삭을 바치러 가고 있었다.

그러나 이삭은 아브라함을 신뢰했기 때문에 하나님이 하신 일까지도 신뢰할 수 있었다. 보이지 않는 하나님을 누가 대표하고 있는가? 부모가 대표하고 있다. 그리고 이삭은 아버지만 바라보고 있다.

손주를 돌보며 억울한 것도 많고 감사한 것도 많지만 다시 한번 우리가 정말 중요한 것이 무엇인지를 생각해 볼 수 있으면 좋겠다.

물려줄 이름은 예수 그리스도요.

물려줄 물건은 계속 읽은 성경책이다.

고맙다. 사랑한다. 미안하다. 괜찮다.

천국의 언어만 남겨주는 우리가 되기를
소망하며 이 글을 마친다.